UNE VIEILLE FAMILLE BOURBONNAISE

LE
LIVRE DE RAISON

DES

BODIN DE VERNEUIL

1550-1749

LEUR GÉNÉALOGIE

VANNES

IMPRIMERIE LAFOLYE FRÈRES

1909

Francis PEROT

UNE VIEILLE FAMILLE BOURBONNAISE

LE LIVRE DE RAISON

DES

BODIN DE VERNEUIL

1550-1749

LEUR GÉNÉALOGIE

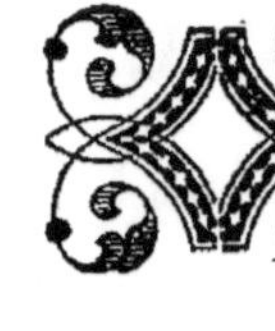

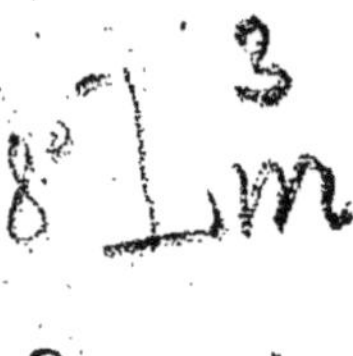

VANNES

IMPRIMERIE LAFOLYE FRÈRES

1909

UNE VIEILLE FAMILLE BOURBONNAISE

LE LIVRE DE RAISON

DES

BODIN DE VERNEUIL

1550-1749

LEUR GÉNÉALOGIE

Sous le n° 483 de notre bibliothèque Bourbonnaise, nous possédons un manuscrit de format in-4°, de 40 pages paginées deux pour une, soit 80 pages utilisées ; il est recouvert d'une respectable couverture en parchemin jauni par le temps, usée par le frottement journalier, solidement rattachée par deux liens de peau, on y lit sur le plat la mention suivante :

« Registre où se trouve la Généalogie des Bodins et la valleur des biens délaissés par le sieur Jacques Bodin, tant de son chef que celuy de ses enfants ».

Cotte 14me.

Cotte B.

Et sur le plat opposé :

« Livre journal pour le domaine de Galandière acquis des Robert. »

Quinze pages sont en effet écrites au rebours des autres, c'est le compte des fermiers de ce domaine.

La publication des *livres de raison* s'est rapidement accentuée, ils sont assez rares pour les faire connaître, et l'intérêt contenu dans ces pages rappelle le coin du foyer où elles ont été écrites sans la moindre prétention. C'est l'œuvre d'un vieux grand-père assis dans son large fauteuil, écrivant devant le feu pétillant de la cuisine même, le mémorial de ce qui s'est passé durant l'année, inscrivant la naissance d'un enfant, d'un neveu, d'une nièce, et le nom des morts qui ont fait le vide dans sa famille, tout cela souvent sans grands commentaires, sans manifestation de joie ni de douleur ; parfois, il raconte, entre deux naissances, le fait le plus saillant dans le pays.

Tout à côté, ses intérêts ne sont point oubliés, c'est la recette que produisent ses domaines, la dépense de sa maison, l'entretien de ses enfants ; ces menus détails sont parfois très naïvement exprimés, ils sont écrits comme ils sont pensés, dans le but de le renseigner, et non point pour être lus par les autres. C'est, en un mot, la vie calme et simple qui se déroule loin des bruits de la ville, c'est la naïveté du temps qui passe, des jours qui s'écoulent dans la monotonie. Néanmoins, cette douce mélancolie a bien son charme ; elle n'est point troublée par de tumultueuses passions ; on assiste de plus près à cette quiétude inconnue de nos jours, à cette vie tranquille d'un calme absolu, et qui paraît, en effet, plus simple encor, quand on la compare à la vie fébrile des temps actuels, si troublants pour le présent et si inquiétants pour l'avenir !

On y trouve encore, dans ces livres, l'état de fortune, la valeur des biens, comme celle des denrées de toute nature, et aussi, les dépenses de ceux qui les rédigeaient, et ce n'est pas la partie la moins intéressante.

Il faut dire que les Bodin avaient le sentiment de leur dignité ; ainsi que nous le verrons, ils ne manquaient jamais de dire, après avoir mentionné la naissance d'un enfant : « Plaise à Dieu qu'il soit honneste homme », de même qu'après un décès ils ajoutaient : « Que Dieu ait pitié de son âme. »

Touchantes pensées, ces invocations sont toutes naturelles, elles partaient de consciences convaincues ; l'idée de Dieu présidait à tous les événements de la vie ; elle occupait une large place dans la pensée comme dans les actions de ces braves gens.

Nous avons omis et à dessein quelques répétitions et des citations dénuées d'intérêt. Nous avons respecté scrupuleusement l'orthographe du texte.

De plus, nous ferons remarquer que plusieurs dates ne sont pas en parfaite concordance avec la généalogie que nous donnons à la fin, laquelle a été rédigée sur l'examen des titres et pièces originales par M. Max Boirot, l'un des descendants de la famille Bodin, auquel nous adressons nos sincères remercîments pour les utiles renseignements qu'il nous a fournis. Il semblera, tout d'abord, que cette généalogie soit une répétition de celle établie par le livre de raison des

Bodin ; loin de là, les deux se complètent, bien que quelques écarts de dates soient reconnus dans la première, malgré que Bodin qui a signé plusieurs fois ce livre, dise qu'il a copié cette généalogie d'après les documents se trouvant en sa possession. Autrefois, on se contentait d'un à *peu près*, mais aujourd'hui la critique a repris ses droits, elle veut des dates précises, indiscutables. La généalogie de M. Max Boirot lui donnera cette satisfaction. Les noms et prénoms sont en parfait accord dans les deux généalogies ; dans la première est *Poursaine* Bodin, dans la seconde elle est nommée *Pourcine*, ce prénom est peut-être plus réaliste mais non pas plus vrai. Dans la région Saint-Pourcinoise, les anciens noms d'hommes s'écrivaient : Poursain, les modernes écrivent Pourçain (1).

La famille Bodin habitait la petite ville si pittoresque de Verneuil, anciennement l'une des dix-sept châtellenies du Bourbonnais, ayant une collégiale dont plusieurs font remonter la fondation à Agnès

(1) Dans les anciens titres on trouve *Porcian*, ce nom très répandu a été adopté fort anciennement après la mort de Portianus, Saint-Pourçain, abbé de Mirandense, lequel a donné son nom à la ville de Saint-Pourçain près de laquelle il avait établi son monastère. Ce saint abbé vivait aux Vme et VIe siècles ; il mourut sanctifié le 24 novembre 529, au milieu de ses disciples dans son monastère de Mirandense qu'il avait fondé. (Grégoire de Tours). Le comte de Résie, *Histoire de l'Eglise d'Auvergne*, tome I, p. 343. Montalembert, *Moines d'Occident.* Abbé Moitron, *Saint-Pourçain et son temps*, 1908, p. 397.

Saint-Pourçain, l'une des treize bonnes villes d'Auvergne, fait actuellement partie du département de l'Allier, arrondissement de Gannat ; mais elle a conservé sa physionomie auvergnate.

Sorel, qui lui avait légué son cœur, et des rentes au chapitre. Aujourd'hui, Verneuil n'est plus qu'un gros bourg du canton de Saint-Pourçain, ayant 750 habitants environ. Les ruines du château y sont encore imposantes. Le voisinage de la ville de Saint-Pourçain a été la plus grande cause de son amoindrissement, surtout après la suppression de sa châtellenie qui lui donnait une certaine importance.

Les Bodin avaient en outre des possessions à Contigny, à la Feline, au Theil, à Saulcet, communes limitrophes. Ils étaient de bons et honnêtes bourgeois, vivant dans leurs terres au milieu de leurs gens, ils ont fourni des médecins, des chanoines à la collégiale de Verneuil et à celle de Moulins, un châtelain de Verneuil etc.

COPIE DU LIVRE DE RAISON DES BODIN

Jean Bodin marié à Marie Carpot (1) le huit feburier 1550, est décédée l'année 1591 c'est quarante-six ans quel a veycue après son mariage.

Il est issu du mariage, Jean (2), Jaques, Claude et Antoine, lesquels Claude et Antoine estoient mineurs au deceds de leur père. Jaques fust tuteur de Claude et Jean le fust d'Antoine. Lesquels tuteurs firent partage entre eux des biens meubles et im-

(1) La d^te Marie Carpot issue de Pierre Carpot et de Jaquette Feraud.

(2) Que les Renaudets sont issus dudict Jean.

meubles de leurs mineurs par autorité de Justice au mois de septembre de la dicte année 1591. Gabriel Noyer, chanoine de Verneuil fust ensuite nommé pour tuteur audict Antoine au lieu du premier tuteur de son frère décéddé, lequel Gabriel Noyer rendit son compte en justice audit Antoine l'année 1596, pour lors majeur déclaré par ordonnance du premier avril audit an.

Ledit Antoine Bodin a esté marié avec Jeanne Bilhard en l'année 1601, auquel temps il pouvoit avoir vingt-cinq ans, il est décéddé l'année 1615, c'est quatorze ans qu'il a demeuré en mariage, et à son déceds âgé de 39 ans.

Il laissat pour enfans mineurs Jean, Gabriel et Poursaine Bodin, ledit Jean Aisné âgé de onze à douze ans auquel Jean Bodin de Souvigny leur cousin germain fût nommé tuteur par l'acte du 16 novembre 1615, et par autre acte du 14 juin 1622, la tutelle fut donnée à ladite Jeanne Bilhard mère des mineurs, à laquelle ledit Jean Bodin premier tuteur rendit compte de sa gestion en 1625.

Ledit Gabriel Bodin est mort garçon.

Poursaine Bodin a esté mariée à Henri Delan, dont sont issus Messieurs les Delan. Et le dit Jean leur frère aisné fût marié à Gilberte Vignancourt l'année 1635, qui décedda en l'année 1672, âgé de soixante-neuf ans, c'est 37 ans qu'il a demeuré marié. Il laissat six enfans dont quatre filles et deux garçons, sçavoir Marg^te (1) mariée à Maître Claude Laverot, décéddée

(1) Elle avoit esté mariée auparavant à Phelipes Frazot.

qui a laissé des enfant (Deux Laverot), Gilberte
mariée à maistre Jaques Raffier Chastelain de Verneuil, vivante, Anne aussy mariée à maître Laurent
Gilbert, décédé (1), elle est vivante et a des enfants
ainsy que la Gilberte Marie qui a esté marié au sieur
Derive de la Grelière déceddé, elle vivante sans enfans,
et Antoine, chanoine à Verneuil déceddé en 1690, et
Jean qui fut marié à Catrine Baraton l'année 1683
aussy vivant duquel Dieu disposera quand il Luy
plairat (2).

Il y a quatre enfans vivans de leur mariage Marie
Marguerite Bodin, mariée au sieur Legros, maître des
eaux et forests à Moulins, l'année 1710, Antoine,
Jaques, et Gabriel Bodin. Plaise à Dieu qu'ils soient
honnestes gens.

Sensuyt au feuillet 6, pour la continuation de la
généalogie (3).

Les contrats desdits mariages sont tous en une liasse
dans mes papiers, que mon frère l'abbé tient ces contrats.

(1) Lad. Marie est décédé le 20 aoult 1722.

(2) Led. Jean est décédé le 7 avril 1721 et Catherine le
13 mars 1727, Dieu veuille prendre pitié de leurs âmes.
Ladite Marie Marguerite est déceddée le 11 décembre 1721.
Led. Sr Legros décédé dans le mois d'octobre 1733.

(3) Nous avons préféré continuer le livre de raison tel qu'il
a été écrit. Nous retrouverons ci-après la reprise de cette généalogie continuée au feuillet 6 du manuscrit. Il nous a paru plus
rationel de ne faire aucune interruption. Le lecteur voudra bien
se reporter à cette généalogie que nous désignerons indiquée au
feuillet 6.

Il y a eu six enfans du mariage de la dite Marguerite Bodin mariée au Sr Legros.

Il y en a cinq vivans, une fille nommée Gabrielle,
les garçons Pierre, Jacques, Gabriel et Joseph. Plaise
à Dieu qu'ils soient honnêtes gens (1).

1722.

Ledit Jacques fils de Jean Bodin (2) a été marié
à Marie Pélisson l'année 1722, le 3 juin. Duquel
Dieu disposerat quand il lui plairat. Il est né dud.
Jacques et de lad. Marie Pélisson, une fille nommée
Catherine, le 3 juin 1723. Sa marraine est Catherine
Barathon grande mère et Claude Pélisson son oncle
frère à lad. Marie.

1724.

Il est issu dud. Jacques, un garçon, il est né entre
une heure après minuit le 29 juin, et pour cet effet
il a été nommé Pierre, Dieu veuille qu'il soit honneste homme. Son parrain est Antoine Bodin, son
oncle et sa maraine est Jeanne Faulconnier, sa
grande mère, il a esté baptisé led. jour.

Le dit Pierre Bodin, prestre, a été tonsuré le 19 may
1733, par Mgr Massillon Evêque de Clermont (3),
et de lad. Marie Pélisson une fille laquelle est née
entre onze heures et minuit, le jeudy, 24 octobre
1724, elle a esté baptisée le 26 du mois, son pa-

(1) Joseph Legros est décédé au mois de mars 1743.
(2) C'est lui l'auteur de ce livre de raison.
(3) En renvoi.

rain est Gabriel Bodin, son oncle, et la maraine est Magdelaine Pélisson, sa tante, elle a esté nommée Marie Magdelaine. Plûst à Dieu qu'elle soit honneste fille.

1727.

Il est issue du mariage de Jacques Bodin un garçon, lequel est né le jeudi 30 janvier 1727, sur les onze heures du matin ; il a esté baptisé led. jour. Son parain est Jacques Raffié, châtelain de Verneuil, sa maraine est Françoise Pélisson, sa tante, femme à Claude Thonier, seig^r du Bouchat, il a esté nommé Jacques, lequel est décédé la nuit du 1er février venant à la Purification de Notre-Dame.

1728.

Il est issue dud. Jacques Bodin, une fille, laquelle est née le jeudy dernier septembre, à huit heures du soir, elle a esté baptisée le 2 octobre, sur les quatre heures du soir. Le parain est maître Jean-Baptiste-Joseph Legros, M^e des Eaux-et-forêts de la maîtrise de Moulins, et la maraine est Anne-Françoise Pélisson, sa tente, elle a esté nommé Marie-Anne. Plaise à Dieu qu'elle soit honeste fille. Elle est iuhumée le 23 octobre 1738 à 7 heures du soir.

1729.

Il est issue dud. Jacques, un garçon, lequel est né le jeudy 29 septembre sur une heure ap. minuy. Il a esté baptisé led. jour, son parain est le Docteur Delan, et sa maraine Françoise Rafié fille, sa cousine. Il a esté nommé Charles. Plaise à Dieu qu'il soit honeste homme. Il vit.

Le dit Gabriel Bodin, fils dud. Jean et de lad. Catherine Barathon, ses père et mère, s'est marié avec Made Deguet, de Moulins, le dix aoust 1731, suivant contrat reçu, Barbarat notaire à Moulins, le 1er février 1731.

1731

Le 24 décembre, sur les dix heures du soir est issue de Jacques Bodin, une fille elle a estée baptisée le lendemain jour de Noël. Son parain est M. Thonié sr du Bouchapt son oncle, et sa maraine est Catherine Bodin, ma fille, au lieu et place de Damelle Marie Deguet, femme à mon frère Gabriel Bodin, greffier en chef de l'élection de Moulins, elle a esté nommée Marie-Catherine. Plaise à Dieu qu'elle soit honeste fille. Elle a esté mise en nourrice à Boissat (1).

1733.

Le 29 avril 1733, sur une heure après minuit, il est issue dud. Jacques Bodin et de lad. Marie Pélisson, une fille, elle a esté baptisé le landemain, son parain est M. Goullerand, de Moulins, son oncle, et sa maraine est Damoiselle Marie Deguet sa tente. Plaise à Dieu qu'elle soit honeste fille, elle a esté mise en nourrice à Boissat, chez le métayer, à commancer du 1er may (2).

(1) Paroisse de Verneuil.
(2) Elle est décédée en nourrice.

1534.

Le neuf octobre entre onze heures et minuit, il est issue dud. Jacques Bodin, un garçon, il a esté baptisé le landemain, son parain est Pierre-Antoine Bodin, mon fils, et sa maraine Marie Raffié, fille à M. Raffié, chatelain, ma cousine ; il est décédé le même jour qu'il a esté baptisé et enterré dans le cimetière de Verneuil Il en a couté 40 livres pour le casuel et 5 sols pour le sonneur que j'ay payé.

1735.

Le 5 novembre, entre huit et neuf heures du soir, il est issue dud. Jacques Bodin une fille, qui a esté baptisé le 6 dud. mois, son parain est M. Gaulmin, le fils, de Montgeorge de la Feline, la maraine, Polline Thonié, fille de M. Thonié du Bouchapt, elle a esté mise en nourrice à Verneuil chez la Sergier.

1737.

La nuit du 9 au 10 octobre, sur les onze heures du soir, ma femme s'est accouché d'une fille, elle a esté baptisée le 10 du même mois, son parain est M. Raffié, fils de M. Raffié, châtelain de Verneuil, sa maraine est Magdelaine Bodin, elle est décédé le 17 dud. mois, elle a esté enterré le 18 dans le simetière de Verneuil.

Lad. Marie Pélisson, mon épouse, est décédé le samedy 14 février 1738, entre sept et huit heures du matin, elle a été enterrée, le lendemain, dans l'église de Saint-Pierre à Verneuil, en entrant au cœur. Dieu veuille avoir pitié de son âme, elle a laissé à son déceds six enfans scavoir, 5 filles et un garçon, et elle est décéddé dans la saisiesme année de mariage, elle estoit dans sa 39me année. Il est décédé une fille dans les vendanges de 1738.

Nota que Dame Jeanne Fauconnier, femme de feu M. Pélisson, est décédée le 4 janv^er 1738.

Nota que Magdelaine Pélisson, femme du s^r Golliaud, est aussy décédé le 3 fév^er 1738, elle a esté enterré à Saint-Pierre à Moulins. Dieu veuille avoir pitié de son âme, elle a laissé 4 petits enfans.

Claude Pélisson, s^r de Lavelatte mon beau frère, est décédé le 14 aoust 1739, et a esté enterré au Theil le lendemain. Dieu veuille avoir pitié de son âme, mes enfans sont héritiers de la succession du quart.

Les hé^er sont Mlle Pélisson, femme au sieur Thonnié du Bouchapt, la seconde est Anne Pélisson femme au sieur des Prost, les mineurs de feu Magdeleine Pélisson, épouse du s^r Golliaud, marchand à Moulins, et mes enfants co-hér^s de feu Marie Pélisson, leur mère et mon épouse.

Nota. Que j'ay reçu de la succession de feu M. Pélisson, 14 louis de 24 l., plus 600 l. en argent faisant un total de 960 l. en argent et en or, les autres autant.

1737.

Nota. Que le 8 fév^r sur les 4 à 5 heures du soir, il a fait beaucoup d'éclairs et a beaucoup tonné d'un desquelles il est tombé proche la rivière Dauzenant,

proche le vignoble de Mlle Raynaud du Gaché, avant
led. tonner il a tombé quantité de grésil, il y avoit
pour lors beaucoup de nège sur terre.

Marie-Magdelaine, ma fille, s'est mariée avec le
sieur Delacôdre de la Grilière, le 16 septembre 1738,
suivant le contrat reçu Berroyer, no^re à Moulins, dont
une expédition dans mes papier.

Il est issu de leur mariage un garçon, du mois de
janvier 1740, il a esté baptisé en la paroisse de Monestay, son parain est Mr de Lacôdre, curé de Saulcet, sa
maraine, Catherine Bodin, ma fille aînée.

Monsr Delacôdre est décédé le 11 juillet 1740, et a
esté enterré le 12 dud. mois en la paroisse de Monestay. Dieu ait pitié de son âme.

1744.

Le 17 juin, Pierre-Antoine Bodin, mon fils, avocat, s'est marié à Molins avec Mad^elle.... Trochereau
de La Grange, par contrat du 14 juin 1744, reçu
Jaroufflet, not^re à Moulins, il faudrait retiré expédition du contract pour le joindre avec celuy cy-dessus, et du depuis retiré ceste expédition qui est dans
mes papiers.

La nuit du 27 au 28 mars 1745, ma belle fille
épouse de Bodin mon fils, avocat à Moulins, a eu un
fils, il a esté baptisé à Moulins, le dimanche 28 mars,
son parain est M. Boirot qui l'a tenu en mon lieu et
place, attendu mon indisposition, avec madame Trochereau, grand-mère du nouveau né. Il plaise à Dieu

qu'il soit honeste homme, il a été mis en nourrice à la Rasibié (1). Il se nomme Jacques.

Le 9 septembre 1744, Marie-Catherine Bodin, ma fille, né le 24 décembre 1731, s'est marié à M. Boirot, proc^r et cons^r à Moulins, par contract reçu Droiteau not^{re}, duquel jay expédition qui est dans mes papiers.

Duquel mariage, il est issu une fille né le 27 juillet 1746, elle a esté baptisé le lendemain à St Pierre à Moulins. Son parain est Pierre Antoine Bodin avocat, oncle, et sa maraine, Mad^{lle} Boirot, fille de M. Boirot, l'aîné, oncle et cousine. Dieu veuille qu'elle soit honeste fille, elle a esté mise en nourrice en la paroisse de Monestay.

Folio 6.

Continuation de la généalogie des Bodin.

Du mariage du dit Jean Bodin avec Catherine Barathon, il y a eue 4 enfans, scavoir Marguerite, décédée, Antoine, Jacques et Gabriel (2).

Lad. Marguerite a esté mariée au s^r Legros. Il y a eu six enfans, dont le premier est mort, il en reste cinq, scavoir Gabrielle, mariée au s^r Rogier d'Autrive décédé. Il a laissé 3 garçons, 4 garçons scavoir, Pierre Legros, reçu Me Particulier de la maîtrise de Moulins, marié à mad^{elle} Gauzard, mort à Moulins, a laissé trois fils. Le second se nomme Jacques, qui est à Paris. Le 3me Gabriel, lequel est capitaine dans Beau-

(1) Paroisse de Verneuil.

(2) Nous avons abrégé cette partie de la Généalogie, laquelle ayant été déjà donnée précédemment. Nous n'y avons ajouté que quelques détails omis.

voisis décédé à Moulins. Le 4me Joseph, décédé à Paris.

Du dit Jean Bodin, avec laditte Catherine Barathon, il y a trois garçons.

Qui se nomment, Antoine, clair tonsuré, Jacques et Gabriel Bodin.

1722.

Le dit Jacques, fils de Jean, a esté marié à Marie Pellisson, laquelle est décédé le samedy 14 février 1738, entre 7 et 8 heures du matin, elle a esté enterrée le lendemain à l'église Saint-Pierre de Verneuil, en entrant au cœur. Dieu veuille avoir pitié de son âme, elle a laissé à son déceds six enfans.

Ledit Jacques, fils de Jean, duquel Jacques Dieu disposerat quant il lui plairat, marié avec la d. Marie Pellisson le 3 juin 1722.

Il est issue dudit Jacques une fille, nommée Catherine, née le 3 juin 1723, elle a esté confirmée à Saint-Pourçain, le 19 may 1733, par Monseig. l'évêque de Clermont, nommé Massilion.

1724.

Naissance de Pierre, le 29 juin, confirmé à Saint-Pourçain le 19 may 1733. Renvoy au f^t. 12.

1724.

Naissance de Marie-Magdelaine (Renvoyé au feuillet 20 du présent livre)

1727.

Naissance de Jacques Bodin, du jeudy 30 juin, décédé la nuit du 1ᵉʳ février 1727.

1728.

Naissance d'une fille, le jeudy, dernier de sept^{bre}, Elle est décédé le 18 octobre 1738.

1729.

Naissance d'un garçon, le jeudy 22 septembre décédé :

1731.

Le 24 décembre 1731, naissance d'une fille nommée Catherine.

1733.

Naissance d'une fille nommée Marie, le 29 avril, décédée en nourrice.

1734.

Le 9 octobre, est né un garçon, mort le lendemain.

1735.

Enfin, dudit Jacques Bodin et de Marie Pellision, et née une fille.

1737.

Le 8 septembre, ma femme s'est accouchée d'un fille, Jeanne Magdelaine, décédé le 17 dud. mois.

La ditte Marie Pellisson est décédée le samedy 14 février 1738, laissant 4 filles et un garçon. Des 6 enfants de Jacques, il y a 4 filles et 1 garçon.

Nota que la dame Jeanne Fauconnier, veuve de feu M. Pellisson, mère de Marie Pellisson, et grand mère de mes enfans cy-dessus, est décédé le 4 janv^{er} 1738. Dieu ait pitié de son âme ; elle avoit au déceds de son mary un garçon et 4 filles.

La première, Marie, mariée au s^r Bodin, décédée le 14 février 1738.

La seconde mariée au s^r Thonnié du Bouchapt, ledit Thonnié décédé le 13 juin 1745, il a laissé 13 enfants tous mineurs.

La troisième au s^r Golliaud, marchand à Moulins décédé le 3 février 1738. [Le s^r Golliaud s'estre remarié avec Mlle Durye].

La quatrième, au s^r Berthomié Desprost, lieutenant à la maîtrise de Cérilly, décédé le 2 mars 1742. Dieu veuille avoir pitié de son âme, elle s'est remariée au s^r Du Prat, de Montluçon ; elle a 4 enfans du 1er lit. Un garçon nommé Claude, décédé le 14 aoust 1739.

Nota que la succession a esté divisé en 4 ; scavoir, à Jacques Bodin, ès père tuteur de ses enfans, au s^r Thonnié, à cause de sa femme, au s^r Golliaud B., tuteur de ses enfans, et au s^r Berthomié, à cause d'Anne Pellisson, sa femme, le partage fait pardevant Me Droiteau, N^{re}, le 28 novembre 1739, sa succession peut aller à 13.000 l. chacun.

J'ay eu la Font, le domaine de Sauvignet et la Thuillerie.

Suit le produit de ces divers héritages, et les redevances aux particuliers, au Prioré du Theil et à celui de Souvigny.

Le s^r Delacodre de la Grilière a donné le quart de son bien à Magdeleine Bodin, sa femme, par acte Droiteau N^{re} à Verneuil. Son fils est marié à Anne Mayot.

Feuillet 12.

CATHERINE BODIN

Laditte Catherine, ma fille, a esté mise au couvent à Saint-Pourçain, le 21 avril 1736, sur les 3 h. du soir, à raison de 100 # par an, et pour 3 mois faisant un quartier 25 #. Elle y a demeuré 13 mois, montant à la somme de 108 #, 6 ^s. 8 d^{en}. que j'ay payé.

Elle a esté malade le 13me mois, il m'en a couté 12 # pour la faire servir. Non comprit son entretien.

Le 6 avril 1739. J'ay mis la Catiche au couvent de Saint-Joseph à Moulins, à raison de 37 # 10 ^s. par quartier, elle y est entré le d. jour, elle y est resté 6 mois, jusqu'au 6 octobre faisant 74 #.

Non comprit son entretien.

Plus il m'en a coûté 18 # pour 6 mois de dances.

Non comprit son entretien.

1740.

Lad. Catherine Bodin est retournée à Moulins au couvent, elle est entré aux Sœurs de la Croix, le 20 mars, où j'ai payé les trois premiers mois qui est 37 # 10 sous.

Jay payé deux mois de dances, à compter du 20 mars 1740, jusqu'au 20 may, à raison de 3 l. par mois.

Plus, j'ay payé à Mad⁰ Marchand, sœur de la Croix, 75 livres pour trois mois de pension de mes deux filles, a commencé au 20 juin présent, dont j'ay pas de quittance.

Le 12 septembre, Bodin est venu à Verneuil pour passer les vacances.

Le 21 septembre, la Catiche est venu de Moulins du couvent de St-Joseph.

Bodin est parti pour Moulins le 13 nov. il a donc entrer à Moulins le 14, lequel jour il a deub aussy aller chez son précepteur.

Signé : BODIN avec paraphe.

Bodin est venu en vacances, le 11 septembre 1741, et je dois à mon frère, depuis le 13 fév. 1741, jusques à l'onze septembre 1741, sept mois montant à 70 livres.

Bodin est allé faire sa logique à Bourges, au mois de novembre 1742.

Il y est retourné faire sa phisique au mois de novembre 1743.

Bodin est parti de Verneuil le 20 novembre 1744, faire son droit à Bourges, et je luy ay donné led. jour cent cinquante huit livres soit pour sa pension, son voyage et ses besoins.

9 mars 1743.

Bodin est allé à Moulins, chez son oncle, pour y demeuré et suivre le Palais, à raison de 200 livres pour chacun an, et un poinçon de vin rouge, néanmoins, s'il ne se cueilloit point de rouge je lui donneray chaque an en argent 30 ou 40 liv. Il doit se fournir de bois, de chandelle, et se faire blanchir, j'ay donné à mon frère 15 liv. à compte.

Et j'ay donné à Bodin en partant 98 liv. Sur quoy il faut déduire un bâton de tabac de 11 l.

Le 8 avril 1744, Bodin est venu passer à Verneuil la quinzaine de Pasques, et s'en est retourné à Moulins, c'est 15 jours d'absence.

Le 3 may, donné un poinson de vin à mon frère, il en a pris un autre dans la cave de mon fils; ce qui fera deux.

Le 4 juin, il est venu à Verneuil pour prendre le lait, à cause d'une maladie qu'il a eu à Moulins, il est retourné chez mon frère.

Mon fils est parti de Verneuil pour Moulins, le 24 décembre 1744, il resterat dans une chambre, il se fera apporter à manger de l'auberge, je n'ay pu luy donner que 30 l. argent. Je lui ay fait conduire deux poinsons de vin, il m'en a couté 10 l. 4 sous pour les droits.

PIERRE ANTOINE BODIN

Le dit Pierre, mon fils, a esté mit au collège à Moulins en cinquiesme, le 6 nov. 1737, il est entré led. jour chez mon frère en pension, réglé avec luy pour chacun an à 120 liv., et un poinson de vin rouge.

Il est venu en vacances le 12 sept. 1738, c'est dix

mois sept jours dont jay payé mon frère, ainsy que de la délivrance d'un poinson de vin rouge.

Le dit Bodin est retourné à Moulins en quatriesme, 2 ou 3 jours avant la Toussaint de l'année 1738, il en est sorti pour venir en vendanges le 2 septembre 1739, c'est dix mois qu'il a resté à Moulins, j'ai payé pareillement mon frère aussy bien que de la délivrance d'un poinson de vin.

Le 10 novembre 1739, Bodin est retourné à Moulins, chez mon frère, je luy ai fait conduire le poinson de vin rouge et je luy ai payé les trois quarts de l'année.

Le 13 nov. 1740, il est allé à Moulins pour faire sa seconde, et il a fait sa réthorique en 1741.

Bodin est allé à Bourges à la fin de l'année 1742, il est entré aux Jésuites, en pension, en logique.

Il a fait sa phisique en 1743.

Aux Jésuites la pension est de 300 livres.

En 1744, il commence son droit.

Nota, quil a finit son droit à la fin de juillet 1747, et venu à Verneuil pour passer ses vacances.

Bodin est parti pour Paris de Moulins le 30 octobre 1747. Il est venu à Verneuil pour la nopce de sa sœur avec le sieur Delacodre le 14 septembre 1748. Et il est reparti de Verneuil pour retourner à Paris le 7 novembre 1748.

Il est revenu de Paris, malade dans le mois de juin.

Ledit Pierre Antoine Bodin s'est marié à Moulins le 17 juin 1744 avec Mad^{lle} Trocheraud de la Grange Par contract reçu Jarouflet, not^{re}. à Moulins, le 16 dudit mois.

MARIE BODIN

Le 22 septembre 1744, j'ay mis la Manon au couvent de Saint-Pourçain, et led. jour, jay payé 24 liv. pour le premier quartier de sa pension qui escherat le 22 décembre 1744, non comprit son entretien.

Ladite Marie Bodin ma fille est partit de Verneuil pour aller au couvent de Montluçon, le 28 oct. 1749. j'ay donnay à Madame Du Prat, 96 livres pour payer sa pension, de laquelle on me donnerat un estat d'employ de lad. somme.

J'ay donné en partant à la Manon 6 livres.

Sa sœur aîné m'a dit avoir fait un estat des meubles, linge et autres effects quelle emportait pour être confronté à son retour.

Ladite Marie-Catherine Bodin, ma fille, s'est mariée le 9 septembre 1744, à Mons. Boirot proc. à Moulins (1), par contract reçu Droiteau led. jour. il faut en retirer l'expédition qu'il fauderas joindre avec les autres contracts de nos enfans.

J'ay donnay à ma fille aîné soixante livres à compte sur 120 l. que je lui ay promit tous ans les pour luy tenir lieu de dédommagement de ce quelle peut avoir du revenu de son bien venant de sa mère, déduction de toute chose nourriture, elle serat entretenu à la maison, de chemise, chausseure, blanchissage, elle s'entretiendra d'habit, coiffeure, je lui donnay à

(1) Dont nous donnerons ci-après la descendance.

ma fille aînée 6 liv. parcequ'elle est allé à Moulins aux nopce de son frère.

Plus dans le même temps, elle a pris une robe chez Monsr Golliaud, mon beau frère, et autres marchandises, et ne say la somme donné 6 liv. pour aller à Moulins, et pour un parasol, 4 livres.

MARIE-MAGDELAINE BODIN

La ditte Marie-Magdelaine Bodin, ma fille, est entré en pension, chez mes Dames les Religieuses de St-Pourçain le 4 ou le 5 novembre 1738, à raison de 24 liv. par chaque quartier, elle y a resté autres trois mois, elle en est sortit le 4 may 1740, non comprit l'entretien.

La ditte Marie-Magdelaine est entré à Moulins, aux Sœurs de La Croix, le 20 may 1740, à raison de 37 liv. 10 sous par quartier.

Elle a commancé à apprandre à dansé du lendemain quelle y est entré, à raison de 2 l. 10 s. par chacun mois.

1749.

Apoline Bodin, ma fille, est entré au couvent de Saint-Pourçain, le 2 mars 1749, et le dit jour j'ay donnay pour le premier quartier 30 livres, non comprit son entretien, elle y a demeuré un an.

Lad. Poline est entré au couvent de Montluçon, le

(1) Né le 4 novembre 1735.

17 novembre 1750, à raison de 120 liv. par chacun an, elle doit y resté jusqu'au 23 mars 1753, c'est deux ans et quatre mois, les deux derniers mois ont augmenté les pensions de 3 liv. par quartier, j'ay payé pour les 2 ans et 4 mois 283 liv., non comprit l'entretient qui m'a coutté beaucoup.

Ma fille appellé Apoline Bodin, est entré novice aux Dames de Saint-Joseph à Moulins, le 14 juin 1757, la pension est de 140 liv.

Le 14 juin 1758, les Dames demandent 400 livres et environ, pour se faire religieuse, elles demandent 3500 liv.

Dieu veuille qu'elle la soit et pour son salut.

Elle a prit l'habit à St-Joseph, le 14 juin 1758, il m'en a couté 400 liv. dont j'ay quittance.

Le 3 juillet 1759, ma fille de St-Joseph a fait profession, Monsr le grand vicaire a fait la cérémonie, il y a eu prédication par un Jésuite, on a mangé.

Elle avoit lors de sa profession 24 ans et 8 mois. Le jeudy suivant, 5 juillet, elle tomba malade sur les 8 h. du soir, d'une fièvre putride où elle été à l'extrémité, ayant esté saigné 6 fois, scavoir 4 au bras, et 2 au pied, ayant reçu tous les sacrements, elle a reçu l'Extrême-Onction à mynuit, estans pour lors sans connoissance, Dieu a voulu quelle n'est pas morte de cette maladie. Plaise au Seigneur qu'elle soit une bonne religieuse.

On luy a fait une pension de 30 liv. que je dois payer pendant ma vie.

Je luy ay donnait 3 l. pendant mon séjour à Moulins. Sa profession m'a couté 3500 liv., suivant un arrangement fait avec mes enfans, il y a eu un acte passé par devant Amy, not^re à Moulins le 2 juillet 1759, dont mon fils a expédition.

Folio 23.

Estat de la valleur de mes fonds suivant le produit que j'en tire tous les ans, que je crois estre juste.

Premièrement un domaine appelé Sauvignet, situé en la paroisse du Theil, peut valloir sept mil huit cens livres, il y a de 25 à 30 charrois de foing, 24 à 30 septiers aussi par an, en orge 60 à 80 boisseaux, après semances, en avoine 3 à 400 boisseaux, y compris les semances.

7800 liv. doit produire 390 liv. année commune.
Bled. . . . . 225 liv.
En orge de même. . . . : . . . 28 —
En avoine de même. . . . . 30 —
Profit des bestiaux et autres choses, an-
née commune. . . . . . . 150 —
TOTAL. . . . 433 liv.

L'excédant de 93 liv. est pour dédommagement des cens, sans tirer à conséquence, j'en paye 43 liv. c'est trop ou moins.

Je possède en la paroisse du Theil une thuillerie, laquelle est affermé 115 liv. pour 9 ans et 18 liv d'épingles, jay le bail dant le sac de mes baux, en outre, la Thuillerie est obligé de me fournir, soit thuilles plates ou creuses, carreaux petits ou grands, à 3 l. le millier pour l'entretien de tous mes biens que je possède, qui seront un jour d'une augmentation d'environ 24 à 30 liv.

La Thuillerie peut porter 10 l. de cens à diminuer sur son revenu de 115 l. reste 95 liv. quant à présent.

Vignoble de la Racherie, paroisse de Contigny.

Ce vignoble est composé de 80 œuvres de vignes ou environ, il y a 12 œuvres en lionises à 40 liv. l'œuvre fait. . . . . 4000 liv.

Plus 10 boisselées de terres, en vergé, partie garnie en jeunes arbres.

Les batiments sont en bon estat, le vigneron est logé commodément, chambre de réserve, 3 autres, j'en ai fait faire unne qui m'a couté 80 liv., les autres 2 sont antiennes, pressoir qui m'a couté plus de 60 liv. Une grange, cave fort sèche, je l'ai fait plotté à neuf.

Ce vignoble peut valloir 4.200 livres de principal, produisant année commune 225 l.

Led. vignoble est chargé de cens à la Commanderie de la Racherie.

Galandière, paroisse de la Feline au domaine d'En-haut audit lieu de Galandière, est un domaine qui est bien bâtit, commode pour les granges et le logement pour le métayer. Il y a, année commune, 25 charrois de foing, les terres sont bonnes, il y a beaucoup de profit de bestiaux.

Année commune, cela peut monter à environ 30 septiers pour la part du maître, 80 boisseaux en orge, en avoine 100 boisseaux, le tout après semances.

Il y a aussi un petit bois et un étang.

Le dit domaine rapporte 496 l, et vaut environ 9800 livres.

Il doit peu de cens qui sont deubs à Mrs du Chapitre de Verneuil, qui sont 12 boisseaux d'avoine et 3 de saigle.

Plus une locaterie qui dépend du domaine de Galandière, bien batit avec un verger et un petit pré de 3 ou 4 quintaux, elle est affermée 16^l. par moitié tout le revenu total, année commune vaut plus de 40 liv. faisant 1000^l. Elle ne doit point de cens.

Plus un autre domaine au lieu dit de Galandière, au village d'En-bas, paroisse de La Feline, acquit de Madame Dandelot, il y a année commune 14 à 16 charois de foing, notamment un pré proche la maison de 8 à 9 charois. Il est fort bien batit, il y a peu de cens deubs seulement au chapitre de Verneuil, il devoit cy-devant 2^l d'argent à Monsr de La Codre des Boutonnets, que j'ay rachepté par acte soubz-seing privé, la so^e de 150^l, tant pour le fond du cens, que mereiage.

Ledit domaine peut valloir 5500^l c'est 1200^l en pardessus de celuy que j'ay donnay à ma fille, v^ve dud. s^r de La Codre. C'est 275^l de revenu, attandu qu'il n'y a pas de cens.

Pp^alle 5500.

Revenu 275^l.

Il y a audit lieu de Galandière, au village d'En-ous, une locaterie de... boisselet, jardin, chenevière, brebis, moitié en tout, logyer de la maison 15^l peut valloir 35^l de rente, fait en pp^al 700^l.

Revenu 35^l.

Il n'y a point de cens.

Nota. Que le domaine acquit des Ribiers de la Roche par Mme de Branssat, et que jay donnay à ma fille, mariée au Sr de Lacodre pour 4300^l le domaine cy-dessus vaut plus de 1200^l, attendu qu'il y a plus de foing et le rachapt de 25^l de cens.

Il a esté donnay à bon compte pour estre bien batit et peu de cens, il doit au Chapitre peu de sens, à la fabrique de Branssat 34 sous argent, à Reugny, 4 boisseaux de saigle.

Boissa, paroisse de Saulcet.

Dans Boissa il y a 2 domaines et une locaterie avec un vergé.

Celuy d'En-haut, où demeure Gilbert Robet, sème environ, année commune, 12 septiers de bled, faisant 192 boisseaux.

Il y à environ 14 à 16 charois de foing.

Il y a de plus 18 œuvres de vignes, situé au clos Bataubalard, il paie 10^l de taille à Verneuil en tout taille et capitation, il en dépend un petit bois de fustay attenant les prés de Menichamp, le produit des vignes peut payer la taille du domaine de Boissa à Saulcet et la taille des 18 œuvres à Verneuil.

J'ay acquit un dixme perceptible sur les 2 domaines de Boissa, 380 livres de la maison des Garennes, il ne s'estant que sur partie des terres des 2 domaines du costé de la rivière, les métayers en suivant les confins donnés à M^rs les Bénédictins de Saint-Pourçain.

Le domaine d'En-bas est fait valoir par Gilbert Martin, il y a 2 à 3 charois de foing de plus que celuy cy-dessus, et la même quantité de bled.

Il en dépend aussy 18 œuvres de vignes elles vallent 1500^l à bon marché faire.

Les deux domaines vallent chacun 4500^l. Chacun faisant 288 boisseaux de bled à 12 sous, montent 208^l.

En orge ou avoine chacun 40^l de produit.

En cochon chacun 12^l.

En brebis 14^l chacun.

Grande laine ou agneau chaque domaine donne 6^l.

Profit des grands bestiaux, chaque domaine 40^l.

Chanvre et volaille chacun 8^l.

Vin, chacun 60^l.

Non compris le dixme qui se pren sur les deux domaines.

Ainsy, les deux domaines vallent au moins chacun 7000^l faisant 14000^l.

Plus une locaterie pour loger le locataire, et une chambre de réserve, bergerie, grange et réserve pour mettre le bled de 2 domaines ou vergé où il y à une bonne chenevière et jardin, le tout pour 1000^l.

Le locataire paye 14^l de loyer.

Il n'y a point de cens, nota, au domaine d'En-bas il y a beaucoup d'arbres fruitiers

Le moulin de Chilhot que j'ay acquit en 1740, il ne doit point de cens, on prétend que c'est un fief, les papiers sont encore à l'Intendance.

Il y a les batimens, une chambre de 19 pieds de long et 16 de large qui m'a couté 600^l. Un pré entouré de haye vive, de 6 charois de foing, un autre pré à coté à cueillir 2 charois. Il y a beaucoup de sauldes, j'en fait des couppes, il y a aussi des arbres fruitiers et des noyers. Plusieurs pièces de terre proche la rivière, il faudra y planter des aubrelles (1). J'ay fait posé au mois de juin 1758, un arbre au moulin et une roux neufe.

La Ferme du moulin est de 80^l.

9.l. d'épingles que jay recu.

105 boisseaux de bled qu'il me doit moudre sans droit.

3^l ou un gateau chaque année le jour des rois.

Et 4 poulets 1^l.

Le pré produit 50^l.

La Mayère, chacun an, peut produire 9 cent à 3^l le cent, c'est 27^l attendu que le vigneron de la Racherie doit fournir 2 hommes par jour, et moi un pour faire les d. Mayère, à la charge de les nourrir.

Il s'y plante chaque an 200 plantons, l'année 1758, au mois d'avril j'en ai fait planter 550, qui ont été pris sur les Sauldes.

Le produit dud. moulin qui est la ferme, le foing et les Sauldes peut valloir année commune 177^l.

Plus pour les réparations faites audit moulins, scavoir une chambre, arbre et roux, le tout est visible pour être tenu en bon estat, il m'en a couté plus de 800^l non compris ce qu'il m'en a couté pour les inondations des eaux autour dudit moulin on y a fait faire plusieurs batés (2).

(1) Peupliers.

(2) Branches de saule ou de peuplier enlacées autour de pieux enfoncés au long des berges pour en préserver les dégradations.

Le tout peut bien valloir en pp^al 400^l produisant 200 de rente.

Plus une maison au bas du pont avec pré, jardin, entouré de hayes, arbres et noyers, chesnes, une chenevière et aubrelles au long de la rivière, c'est affermié 1 5^l et 4 poulets.

Le pré et les arbres fruitiers peut valloir. Année commune 30^l de rente.

Il y a 10^s de cens deubes au Roy.

J'ay acheptey le cens deub aux Garennes, il y a une instance au parlement, c'est Mr Lafarcade procureur au Parlement qui est chargé de cette affaire.

MAISON A VERNEUIL

Maison ou je demeure, elle m'a coûté considérablement à construire deux chambres et autres réparation cognues, il y dépend une petite maison, je redois au mineur 40^l, elle doit au chapitre 20^s de cens, et 2^l 6^d de rente (1).

Dans la cour il y a un puits qui doit au Roy 5^s.

Et les 2 chambres doivent un sous au Roy, à nouveau sens, j'en ay les papiers, pour avoir battit sur les anciens murs de la ville.

Plus une petite maison au bas de la Motte Coquet, tout ainsy qu'elle se limite avec un jardin entouré de mur, colombier, presoir garny de 2 presoirt et plusieurs petites tines vinant, estimé de pp^al la so^e de...

Dixiesme a commencé au mois d'octobre 1741.

----

(1) En 1860, cette maison était encore habitée par un descendant de la famille, M. Bodin des Palissards.

Dixiesme de Contigny . . . . . . 1^l 1^s 6^d
  Verneuil. . . . . 2^l
  Saulcet . . . . 7^l 10^s
  Lafeline. . . . . 10^l
  Gilberte Vérillaud. . . . . . . 5^l

Le 10me du mois d'octobre 1741 montant à 26^l. 7^s, 6^d.

10me 1742.

Contigny. . . . . 7^l 2^s
Verneuil. . . . . 8^l
Saulcet. . . . . 30^l
Lafeline . . . . 40^l
Gilberte Vérillaud . . . . . . 20^l
Cy . . . . 105^l 2^s

Le 10me 1743. Tous les biens cy-dessus ont été réunit tout ensemble au rolle de Verneuil c'est ainsy qu'il est audit rolle de Verneuil.

VERNEUIL 10me

Le s^r Bodin p^r possède dans la paroisse de Verneuil des biens du revenu de. . . . . . 100^l

Plus celle de Contigny un vignoble de revenu . . . . 300^l

Dans celle de Saulcet, un revenu de 300^l

Plus dans la même paroisse au lieu de Jacques La Bussière ou du s^r Denaux Bodin, les représentant pour le moulin de Chilhot, revenu. . . . 80^l

Plus dans celle du Theil, comme tuteur de ses enfans, revenu. . . . 200^l

Plus dans la paroisse de Lafeline, aussy comme tuteur de ses enfans des biens de revenu . . . . 400^l

Plus pour le domaine acquit de la Vérillaud à Galandière, 15^l de dixiesme cy. . . . . 15^l de 10me

      Total 134^l à présent réduit à 120^l à cause des 2^s pour livres soit. . . 120^l

A présent réduit au 20me et pour iceluy 60^l que je paye en tout.

Et à présent on paye le 20me et encore le 20me militaire ; ces 2 20me valent le 10me.

Nota. Qu'en l'année 1747, Monsieur l'Evesque de Clermont a permit de faire gras dans son diocèse, sur les remontrances de M^{rs} de ville et habitans de Clermont, sur la disète des vivres. Il a permit de faire gras, à commencé le dimanche des Brandons, toute la journée, le lundy mardy et jeudy seulement le matin, et faire colation les soirs, jusques au dimanche de la semaine sainte.

Idem pour l'année 1748.

Les 2 20emes ont commencé au 1er 8^a 1749.

Avec les 2 s, pour ^{l} du 19me, les 2^s pour ^{l} du 3eme 20eme.

Vannes. — Imprimerie Lafolye frères.

www.ingramcontent.com/pod-product-compliance
Lightning Source LLC
Chambersburg PA
CBHW051333060726
47596CB00004B/1597